Chapitre 1

La création de l'Encanto

Loin d'ici, en Colombie, Alma et Pedro Madrigal décident de quitter leur maison pour protéger leur famille d'un monde dur et violent. Pedro promet à son épouse de trouver un endroit sûr pour élever leurs bébés, des triplés. Ses enfants dans les bras, Alma suit Pedro dans la jungle en les éclairant à l'aide d'une bougie. Ils ne sont pas seuls : d'autres familles les accompagnent dans leur quête d'une vie meilleure.

Hélas, lorsqu'ils atteignent la berge d'une rivière tumultueuse, ils sont rattrapés par les brigands auxquels ils tentaient d'échapper. Sans hésiter, Pedro embrasse une dernière fois Alma et leurs enfants, puis il fait demi-tour pour affronter leurs poursuivants et laisser à sa famille le temps de fuir. Au moment où il s'éloigne, son épouse sait qu'elle ne le reverra plus. Désespérée, elle tombe à genoux sur le sol, laissant la bougie s'éteindre. Elle serre ses bébés contre elle en priant pour qu'un miracle se produise.

Soudain, la flamme se rallume. Une vive clarté fait reculer les ténèbres, et des centaines de papillons étincelants jaillissent dans la lumière. À la stupéfaction d'Alma, des montagnes surgissent, s'élevant jusqu'au ciel. La jeune femme et ses compagnons se retrouvent alors dans une somptueuse vallée. Cet abri est un Encanto, un lieu empli de magie. Alma n'est pas au bout de ses surprises, car une maison apparaît à présent devant elle.

Tandis que la bâtisse continue de se construire autour d'elle, la jeune femme comprend que la maison possède des pouvoirs et qu'elle va lui apporter la protection dont elle a besoin pour élever ses enfants. Aussi lui donne-t-elle le surnom affectueux de « Casita », « petite maison » en espagnol : cette dernière est désormais un membre de sa famille à part entière.

Au fil des années, la bougie continue de briller et la magie se renforce dans la Maison Madrigal. À cinq ans, chacun des enfants d'Alma se voit attribuer une pièce dans la demeure. En poussant la porte de ce nouvel espace, ils se découvrent un pouvoir extraordinaire et une chambre correspondant à ce talent.

Les triplés grandissent, se marient et ont à leur tour des enfants. Devenue leur Abuela, Alma voit avec émotion le miracle se reproduire pour ses petits-enfants. À chaque fois qu'ils atteignent l'âge de cinq ans, Casita fait apparaître une porte magique, révélant la nature de leur don.

Au sein de leur village, ils sont les seuls à posséder des pouvoirs, c'est pourquoi Alma tient à ce que sa famille partage leurs bienfaits avec les autres. Le sacrifice de Pedro n'a pas été vain, l'Encanto est un havre de paix et de bonheur.

Quand sa petite-fille Mirabel est sur le point de fêter son cinquième anniversaire, Abuela lui montre la bougie à la flamme éternelle.

– Cette nuit, elle va t'attribuer ton propre pouvoir, *mi vida*, lui révèle-t-elle. Il est temps que tu entretiennes la magie de l'Encanto et que tu aides notre communauté. Fais honneur à la famille !

– Faire honneur à la famille, répète Mirabel, impressionnée.

Comme les autres enfants Madrigal, elle est prête à accueillir son talent spécial. Elle observe la porte que Casita vient de faire apparaître devant elle, impatiente de visiter la pièce qui lui est réservée.

– Abuela, quel sera mon pouvoir, à ton avis ? lui demande-t-elle.

Les larmes montent aux yeux d'Alma pendant qu'elle contemple le visage sérieux et plein d'espoir de sa petite-fille.

– En soi, ton existence est déjà un don, Mirabel Madrigal, lui rappelle-t-elle. Peu importe ton pouvoir, tu es unique et spéciale, ne l'oublie jamais !

Chapitre 2

L'extraordinaire famille Madrigal

Plusieurs années après, sur la place du village, Mirabel, qui a maintenant quinze ans, est entourée par une dizaine d'enfants. Pendus à ses lèvres, ils l'écoutent décrire les dons des membres de sa famille.

– Ma tante, Tía Pepa, peut modifier la météo selon son humeur. Si elle est en colère, un orage éclate! raconte-t-elle. Son frère, Tío Bruno, a des prémonitions. Grâce à ses visions, il voit le futur.

Mirabel ne souhaite pas s'attarder sur son oncle, qui a mystérieusement disparu quand elle était petite. Vite, elle poursuit ses explications :

– Ma mère, Julieta, guérit celles et ceux qui mangent la nourriture qu'elle a préparée. Ensuite, il y a les enfants de Pepa. L'aînée, Dolores, possède une ouïe surdéveloppée. Elle peut entendre une épingle tomber ! Mon cousin Camilo est un métamorphe : il est capable de modifier son apparence à volonté. Le plus petit, Antonio, n'a pas encore de don, mais ce soir, il va découvrir le sien. C'est pourquoi nous organisons une grande fête dans la Maison Madrigal !

– Et quels sont les pouvoirs de tes sœurs ? lui demande un enfant.

– Isabela fait pousser de magnifiques plantes, précise la jeune fille tandis que sa ravissante sœur aînée passe non loin d'eux.

Isabela suscite toujours chez Mirabel un sentiment d'admiration mêlé d'envie. Elle est tellement parfaite ! Mais Mirabel s'entend mieux avec Luisa, sa deuxième sœur.

– Quant à Luisa, c'est le roc de la famille, ajoute-t-elle en désignant une jeune femme qui porte trois ânes sur son dos. Sa force est surhumaine !

– Et toi, Mirabel, qu'est-ce que tu sais faire? la questionne une petite fille.

Embarrassée, l'adolescente se lève en prétextant qu'elle doit aider aux préparatifs de la fête donnée ce soir en l'honneur d'Antonio. Cependant, Dolores, qui espionne toujours les conversations, ne peut s'empêcher d'intervenir.

– Mirabel n'a aucun pouvoir! révèle-t-elle sans ménager sa cousine.

L'intéressée rougit en voyant que les enfants du village sont désolés pour elle.

– Si j'étais à ta place, je serais vraiment triste, compatit la fillette.

– Rassure-toi, je ne le suis pas. Car avec ou sans pouvoirs, je suis tout aussi exceptionnelle que le reste de ma famille.

– Peut-être que ton don, c'est de nier la vérité? avance la petite avec clairvoyance.

Mirabel est embarrassée. L'enfant n'a pas tort. La jeune fille a beau travailler dur pour apporter sa contribution à l'organisation de la vie au sein de la Maison Madrigal, elle sait qu'elle est incapable d'accomplir les mêmes prouesses que les siens.

De retour chez elle, elle constate à quel point Casita resplendit. Dans la cour, Pepa fait apparaître un magnifique arc-en-ciel, Isabela décore la façade de fleurs pendant que son père, Agustín, et son cousin, Camilo, accrochent une banderole au-dessus de la porte destinée à Antonio. Mirabel redouble d'efforts pour aider comme elle le peut.

Un peu plus tard, dans la cuisine, Mirabel tombe sur ses parents. Agustín vient de se faire piquer par des abeilles et son épouse le soigne à l'aide d'un gâteau qu'elle a préparé. En voyant leur fille travailler aussi dur, ils s'inquiètent. La dernière fête organisée en l'honneur de la révélation d'un pouvoir était la sienne…

– Ça ne doit pas être évident pour toi, commence sa mère.

– Mirabel, je sais ce que tu ressens, la rassure son père qui, n'étant pas né dans la famille Madrigal, ne possède pas non plus de don.

– Ne vous en faites pas pour moi. Je vais très bien ! dément la jeune fille avant de quitter la pièce.

Afin de se changer les idées, elle se lance à corps perdu dans la décoration de Casita. Malheureusement, la jeune fille laisse maladroitement tomber des bougies au sol, attirant ainsi l'attention d'Abuela Alma.

– Mirabel, la réprimande celle-ci, tout doit être absolument parfait ce soir. La communauté compte sur nos pouvoirs. Ce sont eux qui préservent l'harmonie de l'Encanto… Il vaut donc peut-être mieux que *certains d'entre nous* restent à distance et laissent le reste de la famille s'occuper de tout. Tu peux comprendre cela, n'est-ce pas ?

– Bien sûr, se résigne Mirabel.

Déçue, la jeune fille se met en retrait tandis que l'agitation monte d'un cran dans la Maison Madrigal.

Chapitre 3

La cérémonie d'Antonio

Alors que la cérémonie du don est sur le point de commencer, Antonio demeure introuvable ! Tout le monde le cherche. Heureusement, Mirabel a une idée de l'endroit où trouver son cousin. Aussitôt, elle se rend dans la chambre d'enfants qu'elle partage avec lui. Elle a vu juste : terrifié, le petit garçon s'est caché sous son lit.

– Tu n'as pas à avoir peur, lui chuchote-t-elle.

– Imagine que ça ne marche pas et que je n'aie pas de talent ?

– Il y a peu de risque que cela arrive, le rassure Mirabel. Mais si jamais cela se produisait, tu resterais ici avec moi et je continuerais à te dorloter, ajoute-t-elle en le serrant contre elle.

Puis elle lui offre un petit jaguar en tissu.

– Je l'ai cousu pour toi, précise-t-elle. Comme ça, quand tu auras déménagé dans ta nouvelle chambre, il sera là pour te faire des câlins à ma place.

Apaisé, l'enfant se blottit contre Mirabel.

Soudain, Casita chasse les deux cousins hors de la chambre : la cérémonie du don est sur le point de commencer ! Dans la cour, les Madrigal et leurs invités attendent Antonio. Mais alors que ce dernier doit se diriger vers sa porte, il se met à trembler.

– J'ai besoin de toi, murmure-t-il à Mirabel en lui prenant la main.

– Allons-y ! l'encourage sa cousine.

Tout en accompagnant Antonio, des images de sa propre cérémonie lui reviennent en mémoire. Elle se rappelle à quel point elle était impatiente d'ouvrir sa porte. C'était juste avant que celle-ci ne disparaisse, laissant la fillette face au vide. Seule la poignée lui était restée entre les mains. Mirabel avait alors compris qu'il n'y avait pas de magie pour elle, qu'aucun don ne l'attendait. Elle ne serait jamais unique ni spéciale, contrairement à ce que lui avait dit sa grand-mère. Depuis ce jour, la jeune fille a le sentiment d'être une déception.

Mais aujourd'hui, Antonio compte sur elle. Mirabel se concentre sur le petit garçon. À son grand soulagement, quand il touche la poignée de sa porte, la magie opère. Dans un flot de lumière, un toucan vient se poser sur le bras de l'enfant en jacassant.

– Tu t'appelles Pico ? s'étonne Antonio.

Puis d'autres animaux apparaissent. Le garçon est bientôt entouré d'une véritable ménagerie !

– Ils me parlent ! s'extasie-t-il.

– Nous avons un nouveau don dans la famille, annonce Abuela à l'assistance. Antonio comprend le langage des animaux !

La foule l'acclame tandis qu'un feu d'artifice éclate dans le ciel.

Antonio entre dans sa nouvelle chambre, suivi par le reste de la famille. Tous sont émerveillés de découvrir que la pièce s'ouvre sur une vaste forêt vierge. Soudain, un jaguar surgit et emporte Antonio dans une balade à travers les cascades et les palmiers.

Dès que l'enfant revient près d'Abuela, elle le prend dans ses bras.

– Je savais que la magie allait opérer ce soir, déclare-t-elle. Ton pouvoir est unique, aussi fabuleux et extraordinaire que toi !

Non loin d'eux, Mirabel a tout entendu. Elle a deviné qu'Abuela craignait que les enfants de la famille ne reçoivent plus de dons, mettant en danger l'équilibre magique de l'Encanto. À présent, elle remarque à quel point sa grand-mère est soulagée. Elle aussi, elle ne peut que se réjouir pour Antonio. Toutefois, elle souffre à l'idée de rester l'unique enfant Madrigal dénuée de talent, comme si elle seule ne le méritait pas.

– Prenons une photo de famille ! s'écrie Abuela. Nous vivons un moment important, nous devons garder un souvenir de cette soirée.

Mal à l'aise, Mirabel s'écarte. Elle n'a pas sa place ici.

Pendant que les invités entrent à leur tour dans la magnifique chambre d'Antonio pour poursuivre la fête, la jeune fille s'isole dans la cour de la maison, maintenant déserte. Tout à coup, une tuile chute du toit, l'arrachant à ses pensées. Surprise, Mirabel la ramasse et s'entaille la paume sur son bord tranchant. Un sentiment d'angoisse l'étreint : qu'arrive-t-il à Casita ? Comme pour renforcer sa peur, CRAC ! les pavés commencent à trembler et à se décoller.

Chapitre 4

Casita est en danger

– Casita ? murmure Mirabel en effleurant le sol.

Sous sa main, la fissure se propage dans la cour. La bâtisse semble gémir de douleur alors que les failles se multiplient. Elles guident la jeune fille jusqu'à la bougie d'Abuela, dont la flamme vacille et diminue ! Vite, Mirabel se précipite dans la chambre d'Antonio.

– LA MAISON EST EN DANGER ! hurle-t-elle.

Aussitôt, la musique s'arrête, et l'assistance fixe l'adolescente dans un silence gêné.

– Il y a des fissures partout et… la bougie est presque éteinte, reprend la jeune fille, à bout de souffle.

– Montre-moi, lui ordonne Abuela.

Tout le monde les suit dans la cour, mais Casita a repris son apparence familière. Les pavés sont intacts et la bougie brille à nouveau avec éclat.

– Le sol s'était fissuré, insiste Mirabel, confuse.

– Il n'y a aucun problème avec la Maison Madrigal, la coupe sèchement Abuela.

Après avoir jeté un regard sévère à sa petite-fille, elle se détourne et invite ses convives à regagner la chambre d'Antonio. Cependant, la bonne humeur générale s'est altérée. Pendant que Julieta prépare un gâteau pour soigner la main de sa fille, tout le monde parle de son intervention. Chacun pense que la jeune fille a gâché la cérémonie d'Antonio par jalousie.

– Mirabel, j'aimerais que tu te voies telle que moi, je te vois, la console Julieta. Tu es parfaite comme tu es !

– Je n'ai pas menti, se défend sa fille. Ça s'est vraiment passé !

– *Mira*, mon frère Bruno est parti car il se sentait rejeté par la famille..., insiste Julieta. Je refuse qu'il t'arrive la même chose. Va dormir, ça ira mieux demain.

Désormais seule dans la chambre d'enfants, Mirabel ne parvient pas à trouver le sommeil. Elle se lève pour aller examiner la maison. Elle monte sur le toit puis se dirige vers la bougie, qui brille à travers la fenêtre de la chambre d'Abuela. À la lueur de la flamme, elle examine les tuiles, qui semblent toutes intactes.

Soudain, elle entend la voix de sa grand-mère. Elle est en train de parler à une photographie d'Abuelo Pedro, son époux :

– La magie est menacée, lui révèle-t-elle. Jamais nous n'avons été aussi vulnérables. Nous risquons de perdre notre foyer… Ouvre-moi les yeux, *mi vida*. Je t'en supplie, je dois continuer à protéger notre famille. Aide-moi à sauver notre miracle.

Mirabel n'a pas rêvé, Casita a bien un problème ! Elle décide alors de sauver la magie de l'Encanto. Elle prouvera à tous qu'elle compte, elle aussi !

Le lendemain matin, pendant le petit déjeuner, Mirabel questionne Dolores. Peut-être a-t-elle entendu quelque chose sortant de l'ordinaire grâce à ses pouvoirs ? Malheureusement, le seul bruit que l'ouïe de Dolores ait perçu, c'est celui des clignements d'yeux de Luisa !

Soudain, Abuela se lève pour faire une annonce :

– Le jeune Mariano Guzmán va demander la main d'Isabela, se réjouit-elle. Leur union donnera naissance à une nouvelle lignée d'enfants extraordinaires qui feront perdurer la magie de l'Encanto !

Sans prêter attention au sourire crispé de sa sœur aînée, Mirabel se tourne vers Luisa, dans l'espoir de lui parler. Mais celle-ci évite soigneusement son regard, puis s'éclipse après le petit déjeuner.

Intriguée, Mirabel la suit à l'extérieur du village, où elle s'occupe des ânes.

– Pourquoi as-tu filé si vite ? la questionne-t-elle.

– J'ai beaucoup de travail, réplique Luisa.

Mirabel insiste jusqu'à ce que sa sœur se livre :

– Tu n'es pas la seule à te sentir écrasée par la pression, lui avoue-t-elle. Je n'en peux plus de porter les fardeaux de tout le monde. Qu'arrivera-t-il lorsque je ne serai plus assez forte pour le faire ?

Mirabel prend sa sœur dans ses bras. Jamais la puissante Luisa n'avait révélé une telle fragilité.

– Je n'avais aucune idée que tu ressentais cela, admet-elle.

Luisa l'enlace en retour, réconfortée.

– Je sais, je n'ai jamais voulu le montrer. Et je te crois pour hier, ajoute-t-elle. Moi aussi, je me suis sentie affaiblie.

– As-tu remarqué autre chose ?

– Non, mais un jour, j'ai entendu les adultes dire que Tío Bruno avait eu une vision terrible au sujet de la maison. C'était avant sa disparition. Si tu veux en avoir le cœur net, essaie de découvrir quelle était cette vision.

Chapitre 5

Une étrange vision

Résolue à en savoir plus, Mirabel se rend dans l'ancienne chambre de Bruno. La porte s'ouvre sur une sinistre tour de pierres. Du sable coule du plafond, créant un rideau.

– Casita, peux-tu arrêter ce sable? demande-t-elle.

En guise de réponse, les lames du parquet du palier se soulèvent.

– Tu ne peux pas m'aider, comprend la jeune fille. Tant pis, je vais continuer seule...

Elle s'arme de courage et traverse le rideau de sable avant de dégringoler le long d'une dune géante, jusqu'au bas de la tour. Là, elle voit des centaines de marches qui mènent vers le sommet. Pico, le toucan d'Antonio, vient se poser près d'elle.

– Veux-tu m'accompagner pour escalader ces marches ? lui propose-t-elle, rassurée par sa présence.

Pendant que le toucan vole autour d'elle, Mirabel commence à grimper. Arrivée tout en haut, elle débouche dans une salle sombre et vide, à l'exception d'un cercle de sable au centre.

– Il n'y a rien ici, constate-t-elle, déçue.

Mais en s'approchant de plus près, elle repère des morceaux de vision verts et brillants qu'elle commence à assembler comme un puzzle.

– C'est moi! s'étonne Mirabel en observant l'image qui se forme.

À cet instant, le sol se met à trembler. La jeune fille se hâte de ramasser les autres fragments, puis elle est poussée hors de la pièce par un raz-de-marée de sable.

Un peu plus tard, réfugiée dans sa chambre, la jeune fille s'efforce de reconstituer l'ensemble de l'image. Elle devine qu'il s'agit de la vision dont parlait Luisa. Si elle veut comprendre quel est le problème avec la maison, dont la magie s'épuise, elle doit vite déchiffrer ce puzzle ! Soudain, elle est interrompue par Pepa et son époux, Felix, venus récupérer des affaires pour Antonio. Mirabel en profite pour questionner sa tante sur Tío Bruno. Aussitôt, Pepa se renferme.

– Je refuse de parler de mon frère !

– Quand il prédisait le futur, Bruno annonçait toujours des catastrophes, explique Felix en se mêlant de la conversation. Il m'a toujours fait peur, avec ses rats et ses terribles visions...

Mirabel n'en apprend pas davantage. Par la fenêtre, elle aperçoit Luisa qui peine à soulever un simple pot de fleurs.

Après le départ de son oncle et de sa tante, Mirabel s'isole à nouveau et assemble enfin les pièces de la vision. Une image apparaît, révélant Casita, entièrement fissurée. Devant elle se tient Mirabel. La panique l'envahit. La jeune fille est-elle à l'origine du délabrement de Casita ou est-elle celle qui peut la réparer ?

– Miraboo! l'appelle son père en entrant dans la pièce. Es-tu prête ? Les Guzmán vont arriver pour célébrer les fiançailles de ta sœur avec Mariano.

Mirabel n'a pas le temps de cacher le puzzle prophétique. Prise sur le fait, elle n'a pas d'autre choix que de tout raconter à Agustín.

Mais la réaction de son père n'est pas celle qu'elle espérait. Il fourre les fragments de la vision dans ses poches et se penche vers elle avec gravité :

– Ce n'est pas le moment d'en parler. Abuela attend beaucoup de cette soirée ! lui rappelle-t-il. Tant que nous serons avec les Guzmán, personne ne doit savoir ce que tu as découvert. Il ne s'est rien passé. La magie n'est pas en train de s'affaiblir, ni la maison sur le point de s'écrouler. Est-ce bien compris ?

Mirabel se range à l'avis de son père. Puisque cette soirée est importante, elle adoptera le comportement qu'on attend d'elle.

Tout à coup, ils entendent un petit bruit sur le palier. Ils se retournent et surprennent Dolores, qui les regarde, stupéfaite. Grâce à son don, elle a tout entendu !

Chapitre 6

Le retour de Tío Bruno

Au cours du repas avec les Guzmán, Dolores ne parvient pas à tenir sa langue. Elle répète à Camilo la discussion qu'elle a surprise. Le secret finit par circuler parmi les membres de la famille Madrigal, provoquant un énorme malaise autour de la table. Les choses s'aggravent quand le coati, un des animaux d'Antonio, dérobe les fragments de vision cachés dans les poches d'Agustín et commence à les assembler. Au même moment, Mirabel voit le sol se craqueler! La soirée est en train de tourner au fiasco…

Par chance, les Guzmán n'ont rien remarqué. Aussi, pour détourner leur attention, Mirabel encourage Mariano à faire sa déclaration à sa sœur.

– Isabela, la plus gracieuse des Madrigal…, déclame le jeune homme en mettant un genou à terre et en sortant une bague de fiançailles.

Il s'interrompt en apercevant les fissures qui s'étendent soudain sur le sol alors que Pepa, contrariée, provoque de la pluie dans la pièce.

– Que se passe-t-il ici ? s'étonne Abuela Guzmán.

– Mirabel a trouvé une vision de Bruno, sur laquelle on la voit en train de détruire la magie. Nous sommes tous condamnés ! lâche Dolores.

Au fur et à mesure que la panique gagne l'assemblée, les pouvoirs échappent au contrôle de leurs propriétaires. La pluie se transforme en orage qui effraie les animaux d'Antonio. De son côté, Isabela laisse jaillir des lianes de ses doigts, fouettant son prétendant au visage !

Sans écouter les supplications d'Abuela Alma, les Guzmán préfèrent s'en aller.

À peine se sont-ils éloignés que la famille Madrigal accuse Mirabel d'avoir gâché le dîner.

– Mais ce n'est pas ma faute ! se défend cette dernière.

Alors qu'elle tente de s'expliquer, elle remarque des rats qui emportent les fragments de la vision.

Elle se lance alors à leur poursuite jusqu'à un couloir sombre caché entre les murs. Dans un éclair de lumière, Bruno apparaît ! Leurs regards se croisent un instant avant qu'il prenne la fuite.

– Reviens! crie Mirabel en courant à sa suite.

Lorsqu'il bondit au-dessus d'un gouffre, elle l'imite, mais quand elle atterrit, le sol s'effondre sous ses pieds. Elle se rattrape de justesse en se retenant au bord de l'abîme.

– Aide-moi! hurle Mirabel.

Quand la jeune fille lâche prise, son poignet est agrippé au vol.

– Ta main glisse, gémit son oncle en essayant de la retenir.

Le sol s'écroule une nouvelle fois, et Bruno est entraîné avec Mirabel dans sa chute. Par chance, elle parvient à saisir une poutre et à rattraper son oncle par le col. Mais bientôt, elle ne peut plus le retenir. Heureusement, Bruno tombe en toute sécurité... à peine quelques mètres plus bas!

Mirabel saute à terre, soulagée. Ce qu'elle avait pris pour un profond précipice dans l'obscurité n'en était pas un! Tandis qu'ils escaladent les parois du trou pour remonter, Mirabel se dit que, contrairement à la légende familiale, son oncle n'a rien d'effrayant. Elle le suit ensuite dans une pièce secrète où se trouvent rassemblées ses affaires.

– Je croyais que tu étais parti, mais tu étais près de nous pendant tout ce temps! comprend la jeune fille. Il faut que tu me parles de ta vision, c'est important.

– Je l'ai eue le soir où tu n'as pas obtenu de don, lui révèle-t-il. La famille a refusé de m'écouter, c'est pourquoi j'ai préféré vivre à l'écart.

Il se concentre, convoquant la vision.

– C'est une image où tu te tiens devant la maison fissurée, mais j'ignore ce que cela signifie. Ce dont je suis certain, c'est tu es la clé du futur de notre famille.

– Tu dois provoquer une autre vision, décide Mirabel. C'est le seul moyen d'en apprendre davantage.

D'abord réticent, Bruno finit par accepter. Ils sont alors rejoints par Antonio et ses animaux.

– Les rats m'ont tout raconté, leur révèle le petit garçon. Je suis venu vous aider !

Chapitre 7

Le secret d'Isabela

Comme Bruno a besoin d'espace pour avoir une vision, Antonio leur propose de venir dans sa chambre. Là, Mirabel prend les mains de son oncle pour l'encourager. Fascinée, elle observe la vision se matérialiser devant eux. Quand l'atmosphère devient trop oppressante pour Bruno, il cherche à y mettre fin, mais Mirabel lui serre les mains plus fort.

– La famille a besoin de toi, lui rappelle-t-elle.

Dans les ténèbres convoquées par son oncle, la jeune fille aperçoit une lueur et tente d'orienter la vision dans cette direction. Il s'agit d'un papillon, qui les guide jusqu'à l'image d'une jeune femme.

– Prends-la dans tes bras et tu découvriras ta voie, psalmodie Bruno, en transe.

Déçue, Mirabel s'aperçoit que la jeune femme n'est autre qu'Isabela ! Aucune chance que celle-ci l'aide : sa sœur la déteste.

– Quelle surprise, c'est évidemment *Señorita Perfecta* qui détient les réponses ! râle-t-elle, un peu frustrée.

– Tu te trompes, soupire Bruno, revenu à lui. Le sort de la famille dépend de toi, pas d'elle. Mirabel, tu es la meilleure d'entre nous.

La jeune fille n'en croit pas un mot, mais elle accepte de se rendre dans la chambre de sa sœur.

– Je suis désolée que la soirée se soit si mal passée, commence-t-elle, et j'aimerais te faire un câlin, en gage de paix.

– Un câlin, tu es sérieuse ? s'étrangle Isabela en la toisant. Pourquoi faut-il que tu gâches toujours tout ? Mes fiançailles ont été un désastre !

– Et pourquoi faut-il que tu ramènes tout à toi ? s'agace à son tour Mirabel. Rien n'est perdu, tu peux encore épouser ton stupide Mariano et avoir ton mariage parfait...

– Sauf que je ne veux pas, vocifère Isabela en réduisant sa sœur au silence avec une fleur magique. J'ai accepté uniquement pour le bien de la famille !

À peine a-t-elle prononcé ces mots qu'un phénomène étrange se produit. Au lieu de créer de jolies plantes, Isabela fait pousser des cactus épineux. Galvanisée, elle continue à crier tout ce qu'elle a sur le cœur et à dénoncer la pression qu'elle

subit en permanence. Plus elle se livre, plus les plantes qu'elle fait apparaître deviennent folles et originales. Mirabel découvre un aspect de la personnalité d'Isabela qu'elle n'avait jamais soupçonné. Bientôt, les deux sœurs éclatent de rire à l'unisson.

Au loin, Mirabel remarque que la flamme de la bougie d'Abuela brille avec éclat. Isabela la prend dans ses bras, exprimant son affection dans un kaléidoscope de fleurs colorées. Pour la première fois, elles se sentent proches l'une de l'autre. Elles se comprennent enfin.

Cependant, lorsque leur grand-mère voit les plantes créées par Isabela, elle se met en colère :

– Qu'avez-vous fait ?

– Abuela, tente de la rassurer Mirabel, la flamme de la bougie resplendit à nouveau. Je sais comment restaurer la magie !

– De quoi parles-tu ? Regarde notre maison ! Regarde ta sœur !

– Isabela était malheureuse. Elle veut choisir sa vie librement. Fais-moi confiance.

– Arrête, Mirabel ! la coupe la vieille dame tandis qu'une secousse ébranle tout l'Encanto. C'est à cause de toi que Luisa s'affaiblit et qu'Isabela ne se contrôle plus. J'ignore pourquoi tu es la seule à ne pas avoir de don, mais ce n'est pas une raison pour détruire notre famille !

Mirabel est révoltée par tant d'injustice.

– Je n'ai jamais été assez bien, crache-t-elle,

furieuse. Malgré tous mes efforts! Personne n'est jamais à la hauteur pour toi!

Au fur et à mesure que sa colère s'amplifie, les crevasses se propagent dans l'Encanto.

– Pourtant, j'aime cette famille! hurle Mirabel au visage de sa grand-mère. Si le miracle s'éteint, c'est de ta faute!

Une faille géante serpente jusqu'à la bougie, faisant vaciller la flamme.

Soudain, les Madrigal sentent leurs pouvoirs disparaître. Affaiblis, ils essaient tant bien que mal d'atteindre la bougie pour la mettre à l'abri. De son côté, Casita tente désespérément de les protéger des chutes de gravats.

Mirabel étant la seule à conserver ses capacités physiques, elle saute sur le toit et s'empare de la précieuse bougie à l'instant où la tour de Bruno s'écroule dans sa direction. Casita pousse la jeune fille juste à temps pour que l'édifice ne lui tombe pas dessus. Hélas, la flamme s'éteint et, immédiatement, la maison et le village s'effondrent avec fracas.

Chapitre 8

Le plus beau des dons

Sous le choc, Mirabel reste figée au milieu des décombres. Sa colère est retombée, remplacée par le désespoir et l'effroi. La maison qu'elle aimait tant n'est plus qu'un tas de ruines, le village est dévasté. Autour d'elle, les membres de sa famille se disputent, se blâmant mutuellement. Mirabel ne veut plus qu'une chose : disparaître. Elle s'enfuit et court à perdre haleine jusqu'à la berge d'une rivière. Là, elle s'assoit sur un rocher et contemple son reflet dans l'eau, l'esprit vide.

– Mirabel, l'appelle une voix douce.

Abuela l'a rejointe.

– Je ne voulais pas nous faire du mal, bredouille la jeune fille en fondant en larmes.

– Je n'ai jamais pu… revenir ici, lui confie sa grand-mère, là où le miracle nous a été donné.

Pour la première fois, Abuela évoque les derniers moments qu'elle a passés avec Pedro.

– Toute ma vie, j'ai eu peur de perdre l'Encanto, ce cadeau pour lequel ton grand-père s'est sacrifié. Mirabel, tu n'as rien fait de mal. Tu as raison : si nous nous sommes brisés, c'est à cause de moi.

Pendant qu'elle se confie, la jeune fille entrevoit la vulnérabilité et la détresse de sa grand-mère, qui a vécu dans la peur de ne plus pouvoir protéger les siens. Soudain, un papillon doré se pose sur un roseau. Se souvenant de la vision de Bruno, Mirabel décide de le suivre. Elle prend les mains d'Abuela et la conduit dans le lit de la rivière.

– Tu as tout pris en charge seule. Tu as élevé tes enfants, puis tu as continué à prendre soin de nous, parce que tu nous aimes et veux notre bonheur. Toi aussi, tu fais partie du miracle, lui dit-elle. Tant que nous resterons unis, nous nous en sortirons.

En marchant à contre-courant, Alma sent le poids de la culpabilité l'abandonner.

– J'ai appelé mon Pedro à l'aide, et c'est toi, Mirabel, qu'il m'a envoyée, se réjouit-elle.

À cet instant, d'autres papillons tourbillonnent, et Bruno apparaît, à dos de cheval. Il aide sa mère et sa nièce à grimper sur sa monture, avant de se tourner vers elles.

– Où allons-nous maintenant ? leur demande-t-il.

– À la maison, répond Abuela.

De leur côté, les autres membres de la famille Madrigal ont cessé de se disputer. Maintenant que les ténèbres ont envahi l'Encanto, ils restent silencieux, accablés. Tout à coup, Antonio pousse un cri en apercevant une lueur à l'horizon. Mirabel, Tío Bruno et Abuela galopent dans leur direction, entourés par une nuée de papillons étincelants. Quelques minutes plus tard, Mirabel met pied à terre devant les ruines de la maison.

– On va s'en sortir, annonce-t-elle. Vos dons ne vous définissent pas, vous valez bien plus qu'eux !

– Je suis désolée d'avoir été si exigeante, ajoute Abuela. Je croyais que c'était nécessaire pour préserver la magie, mais j'avais tort. Bruno, je suis tellement heureuse que tu sois de retour parmi nous.

Elle contemple avec émotion ses triplés à nouveau réunis.

– Mirabel m'a fait comprendre que la vraie magie réside dans l'amour qui nous lie. Le miracle, c'est nous, tous ensemble.

Bientôt, les habitants du village les rejoignent pour les aider à rebâtir Casita. Elle sera la première maison reconstruite. Il y a longtemps, les Madrigal leur ont offert l'Encanto, ce lieu merveilleux et protégé. Ils sont maintenant ravis de les aider, à leur tour, à reconstruire leur foyer.

Quand ils ont terminé, la façade comporte de nombreuses imperfections, mais Casita n'a jamais paru aussi belle aux yeux de la famille. Abuela confie à Mirabel le dernier morceau de la maison à remettre à sa place. Il s'agit de la poignée de la porte qui a été attribuée à la jeune fille le jour où elle aurait dû recevoir son don. Cette dernière sourit avant de l'insérer dans la porte d'entrée.

Aussitôt, la magie est restaurée. Casita retrouve son apparence tandis que la bougie se rallume, plus vive que jamais. Les papillons survolent l'Encanto, refermant les crevasses et lui offrant une nouvelle splendeur. Quant aux membres de la famille Madrigal, ils récupèrent également leurs pouvoirs.

Mirabel les regarde avec fierté. Elle sait désormais qu'elle est à sa place parmi eux et qu'elle a reçu le plus beau des talents : celui de percevoir la magie dans le cœur de chacun.

Édité par Hachette Livre - 58, rue Jean Bleuzen – 92178 Vanves Cedex
Imprimé par POLLINA en France – Achevé d'imprimer : novembre 2021 - 40168
ISBN : 978-2-01-713785-6 – Édition : 01 - Dépôt légal : novembre 2021

Loi n°49-956 du 16 juillet 1949 sur les publications destinées à la jeunesse.
Pour tout renseignement concernant nos parutions, nous contacter
par e-mail : disney@hachette-livre.fr

Pour l'éditeur, le principe est d'utiliser des papiers composés de fibres naturelles, renouvelables, recyclables et fabriquées à partir de bois issus de forêts qui adoptent un système d'aménagement durable. En outre, l'éditeur attend de ses fournisseurs de papier qu'ils s'inscrivent dans une démarche de certification environnementale reconnue.